Jürgen Amir Doose

EFT™ Emotional Freedom Techniques™

Jürgen Amir Doose

EFT™ Emotional Freedom Techniques™

Die verblüffend **einfache Methode** zur **Lösung** von **Blockaden** und **Beschwerden** aller Art

nymphenburger

Ich widme dieses Buch meiner Lebensgefährtin Susan. Sie ist es, die mich immer wieder inspirierte und mich ermutigte, dieses Büchlein zu schreiben. Sie war es, die mir stets mit weisem Rat zur Seite stand und immer ein geduldiges und offenes Ohr hatte, wenn ich sie darum bat.

Mehr zur Arbeit von Jürgen Amir Doose unter
www.HeilpraxisJuergenDoose.de
und zum Verlag unter www.nymphenburger-verlag.de

1. Auflage 2004
2. Auflage 2005

Schutzumschlag: Wolfgang Heinzel
Satz: Walter Typografie & Grafik GmbH, Würzburg
Gesetzt aus 10/14 Optima
Druck und Binden: Offizin Andersen Nexö, Leipzig
Printed in Germany
ISBN 3-485-01017-0

Inhalt

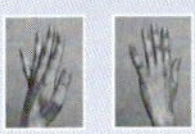

Glücklich ist, wer aus der Freiheit seines Herzens leben kann.

Hilfe zur Selbsthilfe

Krankheit setzt ein, wenn die Lebensenergie in ihrem Fluss gehemmt oder verhindert wird. Dies ist zumeist der Fall, wenn wir traumatische Erfahrungen der Vergangenheit, durch die wir geprägt wurden, nicht verarbeiten bzw. loslassen konnten. Eine einfache, aber sehr effektive Methode, die Emotional Freedom Techniques™ (EFT nach Gary Craig), löst solche Energieblockaden und bringt so in sehr kurzer Zeit nachhaltige Erfolge. Und das Faszinierende dabei ist, dass diese Methode verblüffend einfach und auch sehr leicht für die Selbstbehandlung zu erlernen ist.

Krankheit setzt ein, wenn die Lebensenergie in ihrem Fluss gehemmt wird

Der Weg, der zu Heilung und Gesundheit führt, ist allerdings nicht damit vollendet, dass die körperlichen Symptome verschwunden sind, obwohl das natürlich schon als Befreiung erlebt wird.

Zur Heilung gehört es, die Symptomsprache des Körpers zu verstehen, die Wurzeln des Leidens aufzudecken und die ungelösten emotionalen Blockaden aufzulösen. Erst wenn ich weiß, was der Körper mir mit dieser Krankheit mitteilen will, kann ich

mich mit den eigentlichen Ursachen auseinander setzen und sie dauerhaft beseitigen.
Innere Wandlung, inneres Wachstum durch Bewusstwerdung und Mut zu neuen Schritten werden notwendig.
Deshalb ist nur das wirklich heilsam, was den Menschen zu seiner persönlichen inneren Wahrheit, zu seinem Wesenskern, führt und ihn von den Fesseln der Vergangenheit befreit.

Heilsam ist, was den Menschen zu seiner persönlichen inneren Wahrheit führt

Aufbauend auf den Grundlagen der Traditionellen Chinesischen Medizin (TCM) und der angewandten Kinesiologie, verbessert mit Techniken aus dem NLP (Neurolinguistisches Programmieren) und abgerundet durch Übungen zur Koordination von linker und rechter Gehirnhälfte, ist EFT in Deutschland auch unter der Bezeichnung „Energie-Feld-Technik" bekannt, eine neuartige Methode zur Auflösung energetischer Blockaden.
Der klinische Psychologe Dr. Roger J. Callahan entwickelte schon in den Siebziger- und Achtzigerjahren einen therapeutischen Ansatz, den er als Thought-Field-Therapy (TFT) bezeichnete. In den USA ist die Effektivität von TFT schon seit längerem durch empirische Studien nachgewiesen (Callahan 1987; Leonoff 1995; Wade 1990; Figley und Carbonell 1995 und 1997). Diese belegen, dass TFT in der Behandlung einer breiten Palette psychischer Beschwerden wirksam ist. Bei der von Gary Craig entwickelten Emotional Freedom Techniques™ (EFT) handelt es

sich um eine Weiterentwicklung der von Dr. Callahan entwickelten Methode.
EFT wirkt in allen Fällen, in denen der Energiefluss im Körper gestört ist, und das trifft ausnahmslos für alle Krankheiten und für alle Leidenssituationen zu. Es können zwar Prozesse, in denen Körpergewebe zerstört wurde, nicht rückgängig gemacht werden, aber der ganze Bereich der funktionalen Störungen ist in erstaunlich kurzer Zeit sehr positiv zu beeinflussen.

Die Anwendungsgebiete von EFT sind vor allem:

Schmerzen – Migräne – alle funktionalen Beschwerden der Organe – Schwächezustände – Konzentrationsstörungen – Allergien – Traumata – Ängste – Leistungsängste – Stress – Phobien – Trauer – Depressionen – emotionale Blockaden – Ärger – Groll – Verzweiflung – Eifersucht – Scham – Schuldgefühle – Süchte – negative Programmierungen – Linderung der Beschwerden bei unheilbaren Krankheiten.

Allen körperlichen Krankheitssymptomen liegt eine Energieblockade zu Grunde

Wie gesagt: Allen körperlichen Krankheitssymptomen liegt eine Energieblockade zu Grunde. Wer das berücksichtigt, wird den Wert einer Methode, die Energieblockaden auflösen kann, wahrhaft zu schätzen wissen.

Meiner Meinung nach gehört EFT in jede Hausapotheke. Dann können wir auf so manche Pille verzichten und haben noch dazu eine Selbsthilfemethode an der Hand, mit der schon frühzeitig die innere und körperliche Harmonie wieder hergestellt werden kann, sodass es gar nicht zu manifesten Krankheitssymptomen kommen muss. EFT ist auch eine effektive Methode zur Krankheitsprophylaxe.

EFT ist eine effektive Methode zur Krankheits-prophylaxe

Während mehr als zwei Jahrzehnten meiner Arbeit mit verschiedenen energetischen Heilmethoden habe ich kein Verfahren gefunden, das in der Regel so schnelle Ergebnisse liefert wie EFT.

Gedanken lösen Energieblockaden aus

Der einzige Grund, wieso manche Menschen von ihren Erinnerungen gequält werden und andere nicht, liegt in der Tatsache begründet, dass bei Ersteren die Erinnerung im Jetzt noch eine Energieblockade auslöst.

Die Grundannahme von EFT besagt, dass die Ursache für die Beschwerden in der Unterbrechung des Energieflusses im Körper liegt. Dies beinhaltet Furcht, Phobien, Ärger, Kummer, Angst, Depressionen, traumatische Erinnerungen, Sorgen, posttraumatisches Stresssyndrom, Schuldgefühle und alle einengenden inneren Haltungen mit den dazugehörenden Emotionen. Die Erfahrungen mit EFT zeigen, dass negative Emotionen z.B. im Falle einer traumatischen Erinnerung nicht durch die Erinnerung selbst hervorgerufen werden, sondern dass die Gedanken an das Trauma im Körper eine Energieblockade erzeugen, die sich dann als negatives Gefühl, als Angst, als Schmerz oder als Fehlfunktion manifestieren kann.

Gedanken an ein Trauma erzeugen im Körper Energieblockaden

Durch EFT ist es möglich, sich zu erinnern, ohne dass automatisch eine Energieblockade erzeugt wird. Wie das im konkreten Fall aussehen kann, zeigen die nun folgenden Beispiele.

Traumatische Trennung

Eine Patientin beklagte, dass es ihr trotz besserem Wissen nicht möglich sei, sich von ihrem Partner zu trennen, obwohl sie schon seit mehreren Jahren sehr unglücklich mit ihm war. Sie erzählte aus ihrer Vergangenheit, dass ihre Eltern sich haben scheiden lassen, als sie vier Jahre alt war, und dass sie dann bei ihrer Mutter aufwuchs. Eine bestimmte Szene ihrer frühen Kindheit, als ihre Eltern im Streit auseinander gingen, war immer noch wie ein feststehendes Bild in ihrer Erinnerung, verbunden mit einem diffusen Gefühl der Schuld und der Angst, dass sie vielleicht der Grund für die Disharmonie zwischen den Eltern sei.

EFT befreit von traumatischen Erinnerungen und Ängsten

Nachdem wir die bannartige Macht des Bildes mit Hilfe von EFT gelöscht hatten, kümmerte ich mich um ihre Angst, verlassen zu werden, und ihre Angst vor dem Alleinsein, was nicht länger als eine Stunde dauerte – und danach blühte sie auf. Sie atmete viel freier, strahlte, fühlte die Last auf ihren Schultern nicht mehr und nahm eine angenehme Schwere in den Beinen wahr, die den Kontakt zum Boden wohltuend spürbar machte.

Wenige Monate später trennte sie sich im Guten, wie sie sagte, von ihrem bisherigen Partner und ordnete ihr Leben neu.

Es war offensichtlich, dass die frühe traumatische Erfahrung der Trennung der Eltern ihr ganzes Verhalten in Beziehungen überschattet hatte. Nachdem die Erinnerung bearbeitet und die

Energieblockade aufgelöst war, konnte sie zurückdenken, ohne dass es sie in emotionale Bedrängnis brachte.
Sie spürte sofort eine gewisse emotionale Distanz zu dem Ereignis und wir wiederholten die Behandlung, bis sie sich innerlich völlig frei fühlte.

Körperlicher Schmerz

Ein junger Mann, der als Programmierer arbeitet, kam mit einem Dauerschmerz in seinem rechten Arm in die Praxis. Die Diagnose des Orthopäden lautete „Maus-Arm". Er nahm also an, dass die einseitige Belastung durch das Bedienen der Maus beim Computer im Laufe der Zeit zu der Beschwerde geführt hatte. Der Patient litt schon seit zwei Jahren und konnte den Arm nicht mehr frei benutzen.
Nach einem Durchgang mit EFT war der Patient schon beschwerdefrei und staunte darüber, wie er sagte, dass ich doch nur ein paar Punkte an seinem Körper und an seiner Hand mit meinem Finger geklopft hatte. Er fühlte während der Behandlung, wie sich auch Schmerzen in seinem Rücken lösten, und danach verschwand der Schmerz im Arm.

Beschwerdefrei mit EFT

Zwei Wochen später kam er zum zweiten Mal und beklagte, dass der Schmerz in geringem Maße zurückgekommen ist.
Eine genauere Befragung über seine konkreten Arbeitsbedingungen ergab, dass er meist unter Zeitdruck arbeitet mit der Angst, es nicht zu schaffen, und dass er auf keinen Fall einen

Fehler machen darf, weil er befürchtet, dadurch seinen Arbeitsplatz zu verlieren.
Nachdem ich diesen emotionalen Hintergrund mit EFT behandelt hatte, waren die Schmerzen verschwunden und blieben auch weg, wie sich durch eine Befragung vier Wochen später herausstellte. Der Patient war innerlich ruhiger, hatte keine Angst mehr und nach einem Gespräch mit seinem Chef war ihm in absehbarer Zeit eine Gehaltserhöhung zugesagt worden als Belohnung für seine guten Leistungen.
In der ersten Sitzung wurde lediglich auf den körperlichen Schmerz eingegangen mit vorübergehendem Erfolg. Hinter den meisten körperlichen Beschwerden verbirgt sich ein emotionales Problem. Und hinter einem emotionalen Problem stehen meist negative Gedanken oder Glaubenssätze, durch die eine sehr begrenzte Vorstellung oder gar ein Bild der Ausweglosigkeit erzeugt wird. Die Begrenzungen der Menschen, die sie im Außen erleben, existieren in Wahrheit in ihren eigenen Vorstellungen und Überzeugungen, mit denen sie ihre Wirklichkeit erzeugen.

Hinter den meisten körperlichen Beschwerden verbirgt sich ein emotionales Problem

Um den Patienten von seinen Beschwerden befreien zu können, war es also notwendig, auf seine emotionale und mentale Wirklichkeit einzugehen.
Was tatsächlich die Befreiung brachte, war, dass der automatische Mechanismus:

negativer Gedanke ➜ Energieblockade ➜ Symptom

unterbrochen wurde, indem die Energieblockade aufgehoben wurde, während der Patient sich auf sein Problem konzentrierte.

Jeder einzelne Gedanke ist wichtig

Aus diesen Ausführungen können Sie entnehmen, wie wichtig jeder einzelne Gedanke sein kann. Wir können unser Denken nicht einfach abstellen, aber wir haben die Möglichkeit, die Gedanken zu beobachten. Da wir den Auswirkungen unserer Gedanken ausgeliefert sind, sollten wir prüfen, welche wir annehmen und welche wir verwerfen wollen. Wir müssen uns mit unseren Gedanken nicht identifizieren.

Die Fesseln der Vergangenheit lösen

„Welche Erinnerungen würden Sie am liebsten nicht haben?" ist eine Frage, die Sie zu den Erfahrungen Ihres Lebens führt, die aller Wahrscheinlichkeit nach noch eine hinderliche Rolle in Ihrem Leben heute spielen. „Welche Erinnerungen belasten Sie heute noch, wenn Sie daran denken?"

Alle traumatischen Erfahrungen der Vergangenheit sind nach meiner Erfahrung, auch wenn sie in Vergessenheit geraten sind oder verdrängt wurden, im Zellgedächtnis des Körpers gespeichert und belasten Ihr Lebensgefühl.

Erinnerungen, die immer noch wehtun, binden Energie

Erinnerungen, die immer noch wehtun, wenn Sie dran erinnert werden, Ärger auslösen oder einfach negative Emotionen verursachen können – all dies sind Bereiche, die der Heilung bedürfen. Es ist, als würde man auf dem Lebensweg durch schmerzhafte Erfahrungen, die zu jedem Leben dazugehören, ein Stück Unbefangenheit, etwas von der ursprünglichen Lebendigkeit und Spontaneität verlieren. Diese Energie ist dann gebunden und fehlt im Hier und Jetzt.

Übung zur Selbsterforschung

Machen Sie es sich bequem, sorgen Sie dafür, dass Sie für eine Stunde ungestört sind, stellen Sie das Telefon ganz leise und schalten Sie das Handy aus. Legen Sie Papier und Bleistift in Griffweite bereit und dann bitten Sie Ihr Unterbewusstsein, Ihnen all die Erlebnisse Ihrer Vergangenheit zu zeigen, die für Sie belastend waren. Im Folgenden wird ein Fragenkatalog vorgestellt, der Ihnen auch dabei helfen kann, Ihre Themen zu finden. Sie können davon ausgehen, dass die meisten Ihrer Verhaltensmuster genährt werden durch Ihre Verarbeitungsversuche dieser Erfahrungen. Und damals waren Ihre Möglichkeiten, das Leben zu verstehen, sehr beschränkt, Sie haben fast alle Probleme auf sich selbst bezogen, Ihre Schlussfolgerungen daraus gezogen und Ihre persönlichen Glaubenssätze daraus gemacht, die auch in Ihrem aktuellen Leben noch von Bedeutung sind.

Finden Sie die Erlebnisse, die in der Vergangenheit belastend waren

Mit den Glaubenssätzen erzeugen Sie Ihre persönliche Wirklichkeit, was sich u.a. in der Wiederholung von Erfahrungen zeigt. Dies betrifft alle Bereiche des Lebens und manifestiert sich als Konflikte in der Partnerschaft, Konflikte und Misserfolg im Beruf und als allgemeine Lebenseinstellung.

Nehmen Sie sich deshalb nun zuallererst Zeit, Ihren Themen nachzuspüren.

Fragenkatalog zur Vorbereitung der EFT-Behandlung

1. Welche unangenehmen, schmerzhaften oder beängstigenden Erlebnisse Ihres Lebens erinnern Sie noch? Denken Sie an: Angst – Zurückweisung – Demütigung – Schuld – Scham – Ärger – Zorn – Wut – Missbrauch – Schmerz – Schock etc.
2. Welche Erinnerungen Ihres Lebens belasten Sie noch heute?
3. Welche Situationen Ihres Lebens regen Sie auf oder erzeugen in Ihnen Stress?
4. Wovor haben Sie Angst/Hemmungen?
5. Welche Eigenschaften Ihrer Persönlichkeit würden Sie gern verändern?
6. Was regt Sie an anderen Menschen auf?
7. In welchen Lebenssituationen verlieren Sie leicht Ihren inneren Frieden?
8. Wie schätzen Sie Ihr Selbstwertgefühl auf einer Skala von 1 bis 10 ein (von 1 = sehr gering bis 10 = sehr stark)?
9. Wie zufrieden sind Sie mit Ihrem gegenwärtigen Leben? Bitte schätzen Sie dies wieder auf einer Skala zwischen 1 und 10 ein. Benennen Sie möglichst konkret, was Sie stört und was Ihnen fehlt. (Liste anfertigen.)

10. Bei körperlichen Beschwerden ist es meist sinnvoll zu fragen, welche emotionalen Bedingungen Sie erlebt haben, bevor die ersten körperlichen Symptome auftraten. Beispiel: vor den Schulter/Nacken-Schmerzen Stress und Angst. Beispiel: vor den Magenschmerzen zurückgehaltener Ärger über eine Demütigung. Beispiel: vor den Halsbeschwerden eine Situation, in der Sie es nicht wagten, Ihre persönliche Meinung zu äußern. Beispiel: vor den Atem- und Herzbeschwerden die schreckliche Nachricht vom Unfall eines Freundes.

Setzen Sie sich nicht unter Druck

Bitte setzen Sie sich nicht unter Druck, wenn Sie nicht gleich Antworten finden, diese kommen schon mit der Zeit. Es besteht auch überhaupt kein Anspruch auf Vollständigkeit. Der Fragebogen soll einfach dazu dienen, Ihnen mehr Klarheit zu geben und aufzuzeigen, wo Ihre eigene EFT-Behandlung beginnen kann, die nun im Folgenden erklärt wird.

Die EFT-Methode

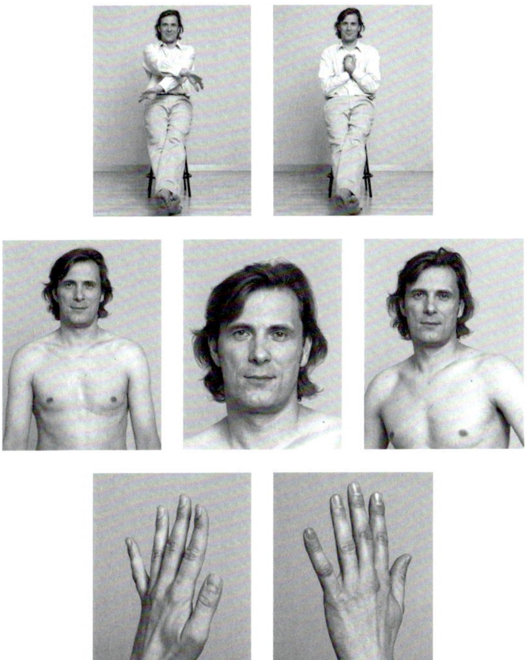

Die Vorbereitung

Mehr Gelassenheit und Stabilität

Inneres Gleichgewicht ist eine wichtige Basis für eine erfolgreiche EFT-Behandlung. Es gibt eine sehr einfache Übung, die Ihnen auch im Alltag zwischendurch immer mal wieder zu mehr Gelassenheit verhelfen kann und für mehr Stabilität sorgt. Mit ihr wird im Falle eines meridianen Ungleichgewichts, was sich als Verwirrung und als Konzentrationsschwierigkeit zeigen kann, eine Harmonisierung bewirkt und das innere Gleichgewicht gestärkt.

Setzen Sie sich auf einen Stuhl oder Hocker, strecken Sie die Beine aus und legen Sie das linke Bein über das rechte.
Strecken Sie jetzt die Arme nach vorn, legen Sie den rechten Arm über den linken und falten Sie die Hände. Jetzt drehen Sie bitte die gefalteten Hände zur Brust hin.
Halten Sie diese Position. Nun legen Sie die Zungenspitze an den Gaumen (wie wenn man ein „L" tönt; dabei wird ein sehr feiner Energiestrom von der Zungenspitze zur Hypophyse gelenkt, die dadurch stimuliert wird).

Während des Einatems denken Sie nun bitte das Wort „Gleichgewicht" und sprechen Sie es danach aus. (Es versteht sich von selbst, dass Sie beim Sprechen die Zunge freigeben.)
Wiederholen Sie diesen Vorgang mit derselben Einstimmung bitte siebenmal.
Ich empfehle diese Übung jeder EFT-Behandlung voranzustellen.

Die drei Schritte der EFT-Methode

Die Behandlung mit EFT besteht aus drei Schritten, die im Folgenden näher beschrieben werden. Diese sind:

1. Einführungssatz formulieren und „wunden Punkt“ massieren.
2. Die zwölf Akupunkturpunkte mit der Fingerspitze klopfen.
3. Den „Gamutpunkt“ auf dem Handrücken klopfen und Augenbewegungen machen.

1. Schritt

Zunächst gilt es, mit der Thematik, an der Sie arbeiten wollen, Kontakt aufzunehmen und die Intensität des Problems im Hier und Jetzt einzuschätzen.

Nehmen Sie mit Ihrem Problem Kontakt auf

Das geschieht folgendermaßen: Denken Sie an das Problem, an dem Sie arbeiten wollen, und versuchen Sie auch einen gefühlsmäßigen Kontakt damit herzustellen. Nun fragen Sie sich, wie sehr das Problem Sie in diesem Moment belastet, und stellen Sie sich eine Skala von 1 bis 10 vor, bei der 1 = ganz wenig und 10 = extrem stark bedeutet. Nun gehen Sie nach Ihrem Gefühl und wählen Sie die jetzt stimmige Bewertung Ihres Problem aus. Wir nennen das Skalierung und sie wird Ihnen helfen, eine klare Beurteilung zu

finden für die Veränderungen, die sich durch die Behandlungssequenzen einstellen.
Der Schlüssel zu jeglicher Veränderung liegt darin, dass Sie zunächst einmal bedingungslos annehmen, was ist. Dem sind Sie durch den Fragenkatalog schon auf die Spur gekommen. Von der Stimmigkeit des Einführungssatzes hängt der Erfolg des gesamten Prozesses ab. Wählen Sie Ihr Thema und formulieren Sie dann Ihren Einführungssatz.

Annehmen, was ist

Obwohl ich …, liebe und akzeptiere ich mich so, wie ich bin.

Die folgenden Beispiele sind auf die bereits vorgestellten Fälle abgestimmt:

Beispiel: traumatische Erinnerung
Obwohl mich die Trennung meiner Eltern immer noch belastet, liebe und akzeptiere ich mich so, wie ich bin.
Obwohl ich Angst davor habe, mich von meinem Partner zu trennen, liebe und akzeptiere ich mich so, wie ich bin.
Obwohl ich Angst davor habe, allein zu sein, liebe und akzeptiere ich mich so, wie ich bin.

Beispiel: körperlicher Schmerz
Obwohl ich einen Schmerz im rechten Arm habe, liebe und akzeptiere ich mich so, wie ich bin.

Beispiel: emotionales Problem
Obwohl ich Angst habe, meine Arbeit nicht zu schaffen, liebe und akzeptiere ich mich so, wie ich bin.
Obwohl ich Angst habe, meinen Job zu verlieren, wenn ich Fehler mache, liebe und akzeptiere ich mich so, wie ich bin.

Wichtig ist, dass sich der Einführungssatz stimmig anfühlt und Sinn macht.
Während der Einführungssatz dreimal gesprochen wird, massieren Sie sanft einen neuro-lymphatischen Reflexpunkt auf der Brust, der auch „wunder Punkt" genannt wird, da er meist etwas wehtut.

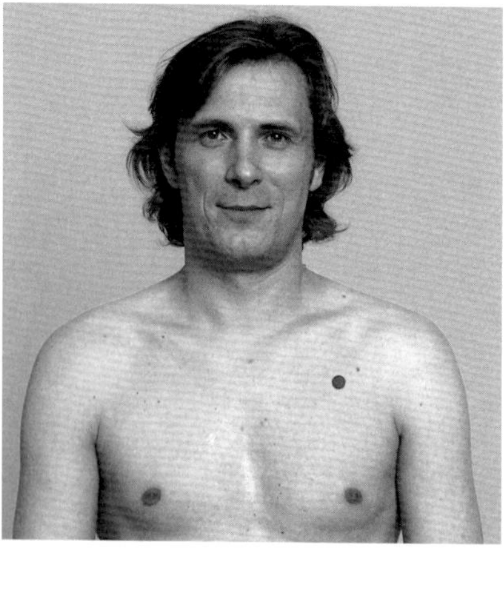

2. Schritt

Die zwölf Akupunktur-Punkte werden geklopft

Nun werden nacheinander zwölf Punkte (in den Klammern finden Sie die Bezeichnungen der Punkte in der Akupunktur) mit der Fingerspitze sieben- bis zehnmal geklopft.

Grundsätzlich reicht es, jeden Punkt fünf- bis siebenmal zu klopfen; bitte klopfen Sie im Gesicht mit dem Zeigefinger nur so stark, dass es nicht wehtut; am Körper klopfen Sie der Einfachheit halber mit zwei Fingern, deutlich kräftiger als im Gesicht, und an der Hand wird wieder mit einem Finger geklopft; ich nehme die Seite meines Zeigefingers auf der Höhe des Gelenkes, weil ich dadurch einen stärkeren kinetischen Reiz ausüben kann.

Durch das Klopfen wird der gesamte Meridian stimuliert und die Energieblockade kann sich auflösen.

Wichtig ist, dass während des gesamten Klopfens eine formelhafte Kurzform des Einführungssatzes laut wiederholt werden muss, um während der Behandlung den Kontakt zu dem Thema zu halten. Diese könnten folgendermaßen lauten:

Mein Schmerz durch die Trennung meiner Eltern …

Meine Angst, mich von meinem Partner zu trennen …

Meine Angst vor dem Alleinsein …

Meine Schmerzen im rechten Arm …

Die zwölf Punkte

1. Punkt: am inneren Ende der Augenbraue (Blase 2).

2. Punkt: am äußeren Augenwinkel (Gallenblase 1).

3. Punkt: unter dem Auge, mittig, auf dem Rand der Augenhöhle (Magen 1).

4. Punkt: unterhalb der Nase, zwischen Nase und Oberlippe (Gouverneursgefäß 26/27).

5. Punkt: unterhalb der Unterlippe, in der Vertiefung (Konzeptionsgefäß 24).

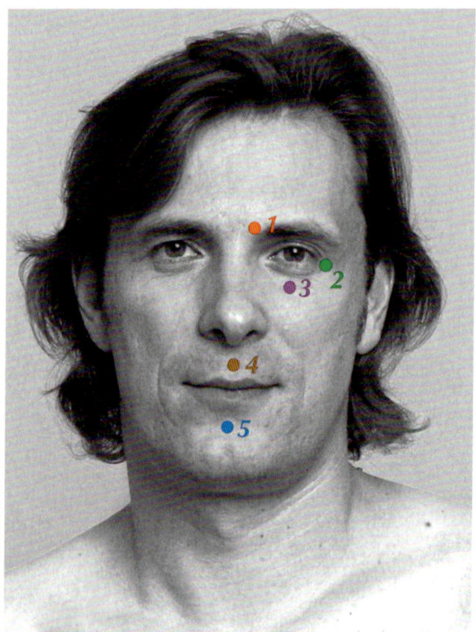

6. Punkt: unterhalb des Schlüsselbeins in der weichen Mulde nahe dem Brustbein (Niere 27).
7. Punkt: seitlich am Brustkorb, ca. vier Finger breit unterhalb der Achselhöhle (Milz/Pankreas 21), bitte mit drei Fingern klopfen.

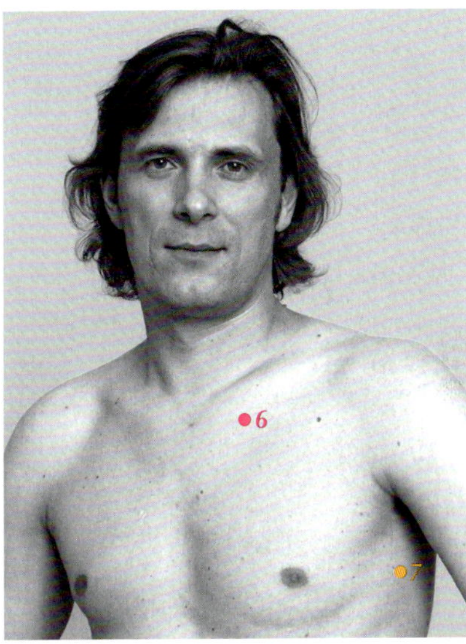

8. Punkt: am Daumen, Nagelbettwinkel, körperzugewandte Seite (Lunge 11).

9. Punkt: am Nagelbettwinkel des Zeigefingers, körperzugewandte Seite (Dickdarm 1).

10. Punkt: am Nagelbettwinkel des Mittelfingers, körperzugewandte Seite (Kreislauf-Sexus 9).

11. Punkt: am kleinen Finger, Nagelbettwinkel, körperzugewandte Seite (Herz 9).

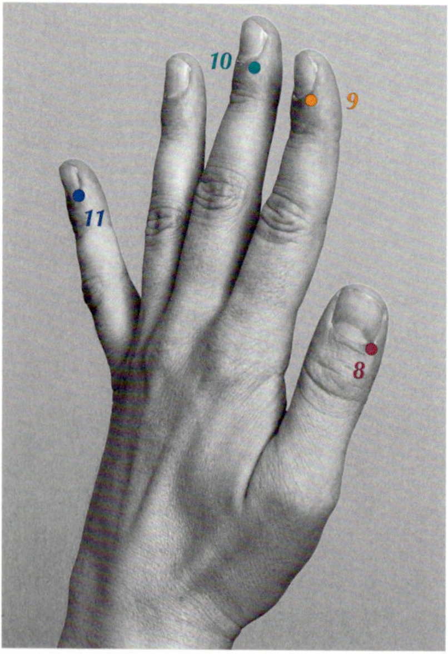

12. Punkt: an der Handkante, mittig, der Handkantenpunkt (Dünndarm 3).

Nach dem ersten Klopfdurchgang sollten Sie die Skalierung aus Schritt 1 wiederholen, um zu sehen, ob sich etwas verändert hat, und um Ihren Blick für die Veränderung zu schärfen.

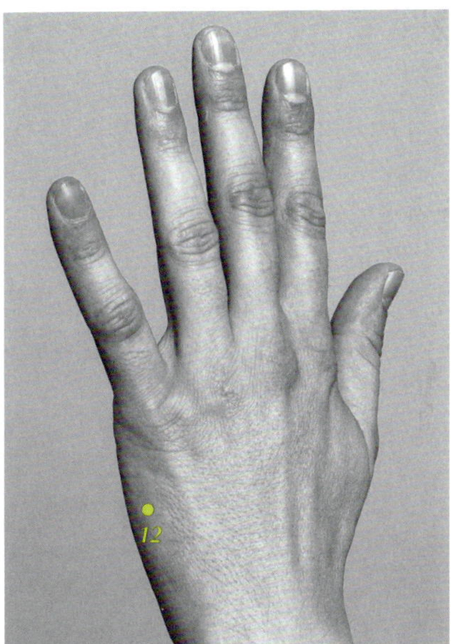

3. Schritt

Als Nächstes gilt es, den so genannten „Gamutpunkt" (Dreifacherwärmer 3) auf dem Handrücken mit zwei Fingern zu klopfen. Durch das Klopfen des Gamutpunktes sollen verschiedene Funktionen des Gehirns, gerade in Bezug auf das Problem, ins Gleichgewicht gebracht werden.

Er liegt in der Rinne zwischen dem Mittelhandknochen von kleinem Finger und Ringfinger, hinter dem Fingergrundgelenk.

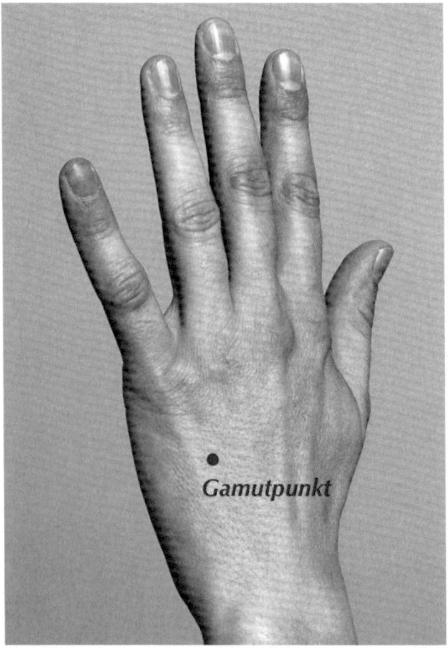

Während des Klopfens des Gamutpunktes werden folgende Augenbewegungen zur Aktivierung des Gehirns ausgeführt:

- Bei aufrechter Kopfhaltung Augen schließen und öffnen.
- Mit den Augen nach unten rechts schauen und dann nach unten links.
- Dann mit den Augen rechtsherum kreisen, 360 Grad, und danach linksherum.

Die Prozedur wird abgeschlossen mit einer Übung zur Koordination von linker und rechter Gehirnhälfte:

Übung zur Koordination von linker und rechter Gehirnhälfte

Summen Sie für fünf Sekunden eine Melodie, zählen Sie von eins bis fünf und summen Sie noch einmal für fünf Sekunden eine Melodie.

Da Sie hier mit zwei Fingern klopfen, stimulieren Sie gleichzeitig einen Reflexpunkt für die Hypophyse, der neben dem Gamutpunkt liegt, was den Prozess abrundet.

Nach diesem letzten Teil des Prozesses gilt es die Skalierung zu wiederholen, um die Wirkung des ersten Durchganges beurteilen zu können.

Wenn diese Bewertung wenigstens um zwei Punkte besser liegt als die erste, sind Sie auf dem richtigen Weg.

In den folgenden Durchgängen muss der Einführungssatz dem jeweiligen Stand des Prozesses angepasst werden. Dies könnte folgendermaßen lauten:

„Obwohl ich noch etwas Angst davor habe, mich von meinem Partner zu trennen, liebe und akzeptiere ich mich so, wie ich bin."
„Obwohl ich noch etwas Schmerzen in meinem rechten Arm spüre, liebe und akzeptiere ich mich so, wie ich bin."

Bitte wiederholen Sie die Durchgänge so oft, bis Sie die bearbeitete Thematik mit null skalieren. Oftmals wird mit ein bis drei Durchgängen das Problem beseitigt sein.

Die Selbstbehandlung

EFT ist eine wunderbare Methode, mit sich selbst zu arbeiten. Sie ist leicht zu erlernen und anzuwenden und schon bald wird es Ihnen zur Selbstverständlichkeit werden, bei allen möglichen Beschwerden dieses nützliche Werkzeug zu Ihrem Wohlsein zu benutzen.

EFT ist ein nützliches Werkzeug für Ihr Wohlsein

Zugegebenermaßen muss ich jedoch an dieser Stelle auch sagen, dass es manchmal schöner und leichter ist, wenn Sie diesen Prozess nicht allein durchmachen müssen. Vier Augen erkennen mehr und von außen sieht man auch oft Dinge, die man in der Befangenheit der egozentrischen Betrachtung nicht wahrnehmen kann. Es ist auch leichter, sich mit dem Thema zu verbinden, wenn man sich nicht gleichzeitig klopfen muss und womöglich noch nachdenken muss, wo der nächste Punkt liegt. Diese Aussage bezieht sich vor allem auf innere Themen, bei denen man sich noch nicht ganz im Klaren ist.

Einen kleinen oder großen akuten Kopfschmerz oder einen Magenschmerz oder Konzentrationsstörungen oder ein akuter Ärger oder eine Kränkung, die gerade passierte, all dies können Sie leicht auch selbst klopfen.

Die Palette der Behandlungsindikationen ist geradezu unbegrenzt. Nur Mut! Sie können es in jedem Fall versuchen. Ich habe selbst in schweren Pathologien z.B. bei einem Parkinsonpatienten helfen können, indem ich ihm mit dieser wunderbaren Methode die Intensität seiner Schüttelanfälle erheblich reduzierte. Heute macht er das selbst und ist begeistert von dieser schnellen Möglichkeit, sich immer wieder in die Balance zu bringen. Er machte die Erfahrung, dass jede Form von Stress sein Zittern und Schütteln verstärkte. Stress kann man nicht immer aus dem Weg gehen, aber wenn man weiß, wie man damit umgehen kann, ist es nur noch halb so schlimm.

EFT gehört in jede Hausapotheke

Diese Behandlungsmöglichkeit gehört nicht nur in jede Hausapotheke, sondern auch in die Hände jedes Therapeuten als ein zusätzliches, sehr wertvolles therapeutisches Handwerkszeug, das nur relativ geringen Aufwand in Anspruch nimmt, keinerlei negative Nebenwirkungen zeigt und nichts kostet außer ein bisschen Zeit.

Glaubenssätze bestimmen unser Handeln

Die wichtigste Voraussetzung für die erfolgreiche Behandlung ist die Offenheit.

Die innere Einstellung entscheidet über den Erfolg des Heilungsprozesses

Wer Zweifel hat oder Skepsis oder Misstrauen oder eine negative Überzeugung wie „ich habe es gar nicht verdient, gesund zu werden" etc., der muss sich zuerst um diese negativen Programmierungen kümmern. Wir nennen dieses Phänomen „psychologische Umkehrung". Umkehrung deshalb, weil es bei allen chronischen Beschwerden einen versteckten, negativen Teil in der Persönlichkeit der Betroffenen gibt, der Eigensabotage betreibt und einer Heilung im Wege steht. Jegliche Art von selbstzerstörerischem Denken und Handeln ist der Beweis dafür. Wir finden das nicht nur bei allen Menschen, die an Süchten leiden, sondern auch bei Kranken, deren Heilungsprozess stagniert. Im Zustand der psychologischen Umkehr ist es nicht möglich, gesund zu werden. Die negative Programmierung unterbindet die Wirksamkeit von Behandlungen jeglicher Art und verlangsamt oder verhindert den natürlichen Heilungsprozess. In jedem Fall ist der persönliche Wille und die Selbstbestimmungsfähigkeit deutlich eingeschränkt und die innere Einstellung tendiert ins Negative.

Mit Hilfe von EFT kann die negative Programmierung in eine positive Selbsteinschätzung umgewandelt werden, sodass der Weg für die Heilung frei wird.

Süchte

Menschen, die unter Süchten leiden, handeln gegen ihr leibliches und seelisches Wohl, obwohl sie wissen, dass es so ist.

Hinter allen Süchten verbergen sich Ängste

Hinter allen Süchten verbergen sich Ängste, die es bewusst zu machen und aufzulösen gilt. Dies gilt für alle Süchte, wie Esssucht, Nikotinsucht, Alkoholsucht, Drogensucht, Sexsucht, Kaufsucht etc. Die Behandlung von Süchten gehört erfahrungsgemäß in die Hände eines erfahrenen Therapeuten.

Schlechte Angewohnheiten

Oft haben wir Angewohnheiten, mit denen wir uns schaden. Wir scheinen absurderweise bisweilen unsere Freiheit darin zu finden, das zu tun, was wir nicht wollen.

Der Einführungssatz lautet dann: „Obwohl ich die schlechte Angewohnheit XY habe, liebe ich mich so, wie ich bin." Darauf folgt der gesamte EFT-Prozess. So wird der Drang, dem Gewohnten zu folgen, aufgelöst. Häufig ist eine Wiederholung der Prozedur notwendig.

Alle Formen des mentalen, emotionalen und körperlichen Selbstboykotts sind Ausdruck von psychologischer Umkehrung.

Nach dem Motto: „Der Pessimist ist der einzige Mist, auf dem nichts gedeiht."
Keiner von uns ist völlig frei davon und die Überflutung von Negativmeldungen aus den Medien sorgt auch ständig dafür, dass es so bleibt, wenn wir uns der Informationsflut ausliefern.
Sollten Sie also nicht weiterkommen in der Behandlung eines Problems, so liegt eine negative, mentale Blockade vor, ein negativer Glaubenssatz steht Ihrem Erfolg im Weg oder Sie haben den Einführungssatz nicht stimmig formuliert.
Manchmal kann es auch negativ wirken, wenn während des Klopfens der gefühlsmäßige Kontakt zu dem Thema trotz Sprechens abgerissen ist.
Im Falle einer negativen Programmierung gilt es, diese zu erkennen und benennen zu können. Das kann manchmal etwas knifflig sein, diese Detektivarbeit lohnt sich jedoch allemal. Die Glaubenssätze werden dann wieder in einen Einführungssatz eingekleidet und mit EFT bearbeitet.

Es gilt, die negative Programmierung zu erkennen

Wenn in der Erforschung beispielsweise herauskommt, dass der Patient aus Schuldgefühlen an seinem Leid festhält: „Obwohl ich nicht glaube, dass ich es verdient habe, mich beschwerdefrei und glücklich zu fühlen, liebe und akzeptiere ich mich so, wie ich bin."
Oder wenn der Patient Angst hat vor den Veränderungen in seinem Leben, die entstehen, wenn er sich ändert: „Obwohl ich

Angst habe vor den Veränderungen in meinem Leben, wenn ich mein Problem verliere, liebe und akzeptiere ich mich so, wie ich bin."

Oder wenn der Patient daran zweifelt, dass ihm so schnell geholfen werden kann: „Obwohl ich nicht glaube, dass mir so schnell geholfen werden kann, liebe und akzeptiere ich mich so, wie ich bin."

Mit EFT zunächst die Zweifel bearbeiten

Die EFT-Methode ist so neu und ungewöhnlich, dass sich am Anfang sehr häufig der kritische Verstand meldet mit Bedenken, Zweifeln und negativen Suggestionen. Diese gilt es als Erste zu bearbeiten. Selbst wenn eine schnelle Verbesserung der Symptomatik erfolgte, denken manche z.B., „dass es mir jetzt besser geht, das bilde ich mir vielleicht nur ein".

Auch diese minimalen psychologischen Umkehrungen bearbeiten wir mit EFT, um den bleibenden Erfolg zu sichern.

EFT bei Stress

Stress belastet das Immunsystem und das Lebensgefühl des Menschen. In der Psychoneuroimmunologie (PNI) hat man wissenschaftlich bewiesen, dass ein ausgeglichenes Seelenleben für ein optimal funktionierendes Nerven-, Hormon- und Immunsystem von entscheidender Bedeutung ist.
Besonders Dauerstress wirkt sich negativ auf die Gehirndurchblutung aus, was zu mangelnder Konzentrations- und Denkfähigkeit und Gedächtnisproblemen führen kann. Die Belastung für das vegetative Nervensystem führt zu funktionellen Störungen der inneren Organe (z.B. Übersäuerung des Magens, Sodbrennen, Durchfall oder Verstopfung, Blasenbeschwerden, wie häufiger Harndrang und Blaseninkontinenz) und Muskelverspannungen, besonders im Rückenbereich. Die Nebennieren schütten die Stresshormone (Adrenalin und Cortisol) aus und der Stress kann sich auf die Keimdrüsen schlagen. Dies führt zu verringerter Hormonaktivität, was sich als Menstruationsbeschwerden, Unfruchtbarkeit und Impotenz auswirken kann.

Ein ausgeglichenes Seelenleben ist die Basis der Gesundheit

Viele Hautkrankheiten wie Neurodermitis und Schuppenflechte verschlimmern sich unter Stress, was auf die Beziehung zwischen Haut und Nervensystem hinweist. Funktionelle Herzbeschwerden wie Angina Pectoris und hoher Blutdruck sind Folgen von Dauerstress. Unter Stress leidet die gesamte Vitalität und das Lebensgefühl des Menschen.

Gerade bei der Behandlung schwerwiegender Krankheiten wie Krebs und Aids haben Gehirnforscher in den USA herausgefunden, dass Stress reduzierende Maßnahmen aktiver Entspannung, wie zum Beispiel regelmäßige Meditation, eine signifikante Verbesserung sämtlicher Immunwerte zur Folge haben und die Durchblutung des Gehirns deutlich verbessert wird. Dies führt nicht nur zu besseren Gehirnleistungen, sondern auch zu positiven Gefühlen, mehr Enthusiasmus und guter Laune. Mit EFT können wir sämtliche Stressreaktionen drastisch reduzieren oder ganz beseitigen.

Durch aktive Entspannung bessere Gehirnleistungen

Wie bereits erwähnt, schlagen sich Stressfolgen besonders im Rücken in Form von schmerzhaften Muskelverspannungen, Myogelosen (Muskelverhärtungen) und Verklebungen des Bindegewebes nieder. Rückenschmerzen haben eine Hinweisfunktion für unverarbeitete Belastungen. Innere Haltungen und persönliche Einstellungen werden im Laufe der Zeit zu äußerer Haltung.

Beziehen Sie sich bei der Behandlung zunächst auf den spürbaren Schmerz. Sollte Ihr Ergebnis noch nicht befriedigend sein, dann lassen Sie sich durch folgende Fragen leiten, um den emotionalen Hintergrund zu erforschen:

- Wodurch gerate ich unter Anspannung? Was spannt mich an?
- Wodurch fühle ich mich unter Druck gesetzt?
- Was belastet mich?
- Welche Gedanken/Vorstellungen machen mir Angst?
- In welchen Situationen muss ich mich behaupten?
- Kann ich mich trotz meiner Schwächen annehmen?
- Wie ging es mir, bevor die Rückenschmerzen auftauchten?
- Welche Einstellung habe ich gegenüber Konfliktsituationen?
- Gelingt es mir, über schwierige Situationen meines Lebens zu sprechen?

Innere Haltung und äußere Haltung gehören zusammen

Grundsätzlich kann es natürlich gut oder sogar notwendig sein, zusätzlich durch körpertherapeutische Maßnahmen den Heilungsprozess zu unterstützen. Dies wird von Fall zu Fall entschieden werden müssen.

EFT bei Angst

Eine Hauptursache von Blockaden sind Ängste. Selbst hinter Ärger und Aggression lässt sich letztlich Angst vor Verletzung finden. Auch wenn es keine existenziellen Bedrohungen sein müssen, so reicht es manchmal schon, dass unser Selbstbild in Frage gestellt wird und wir uns bedroht fühlen.

Ängste werden durch Gedanken erzeugt

Ängste entstehen, wenn wir das Hier und Jetzt verlassen, in die Zukunft denken und eine bedrohliche Vision für eine gesicherte oder wahrscheinliche Prognose halten und insofern also die (fiktive) Zukunft vorwegnehmen. Die Macht zu handeln haben wir jedoch ausschließlich in diesem Augenblick und wenn wir uns von unseren selbst erzeugten Bildern nicht paralysieren lassen, können wir jetzt das tun, was in unserer Macht steht, um die Zukunft in unserem Sinne vorzubereiten.

Angst, Scham und Schuldgefühle sind die drei großen Komplexe, die der Entfaltung der Persönlichkeit jedes Menschen im Wege stehen – lassen Sie sich dadurch nicht länger gefangen nehmen.

Man kann ohne Übertreibung sagen, dass alle Ängste und Phobien ideal mit EFT zu behandeln sind. Mit dem Verschwinden der Angst stellt sich in der Regel auch ein Bewusstseinswandel ein. Es entsteht nicht nur eine emotionale Distanz zu dem vorherigen Problem, sondern Sie werden es nach der Behandlung auch mit ganz anderen Augen sehen.

Prüfungsangst

Es macht Freude, EFT bei Prüfungsängsten einzusetzen und zuschauen zu können, wie die Angst verschwindet, der Patient ein gutes, geerdetes Körpergefühl bekommt, der Atem frei wird und sich senkt und die Anspannung in Nacken- und Schultermuskulatur sich lockert. Auch hier muss man genau nachfragen, um alle Aspekte der Angst zu erfassen.

Wenn die Angst verschwindet, wird der Atem frei

Die üblichsten Angst erzeugenden Vorstellungen sind:

- die Angst, in der Prüfung ein Black-out zu bekommen;
- die Angst, während der Prüfung nicht mehr erinnern zu können, was man gelernt hat;
- die Angst, bei der Prüfung durchzufallen und z.B. bestraft zu werden oder sich zu blamieren oder ausgelacht zu werden oder für dumm gehalten zu werden etc.

Was für die Auflösung von Prüfungsängsten gilt, hat ebenso Gültigkeit bei allen anderen Ängsten. Lern- und Konzentrationsstörungen bei der Prüfungsvorbereitung durch Angst vor der Prüfung lassen sich natürlich genauso gut mit EFT auflösen.

Entscheidend ist, dass die Angst auslösende Vorstellung treffend benannt werden kann.

Patientin mit Mäusephobie

Frau Z. hatte aus unerfindlichen Gründen schon ihr ganzes Leben lang panische Angst vor Mäusen und seltsamerweise war sie schon dreimal in ihrem Leben in Wohnungen gezogen, in denen es tatsächlich Mäuse gab. Als sie zu mir kam, wohnte sie wieder in einer solchen Wohnung. Ihre alte Katze, die die Mäuse fern gehalten hatte, war gestorben und sie hatte versucht, der Verpflichtung für eine neue Katze auszuweichen. Es tauchten mit der Zeit jedoch wieder Mäuse auf. Frau Z. traute sich ohne Begleitung nicht mehr in ihre eigene Wohnung, konnte nachts nicht mehr schlafen, hatte einen enormen Aufwand betrieben, um alle Lebensmittel in fest verschließbare Behälter zu füllen, und nachdem sie sich endlich doch eine junge Katze ins Haus geholt hatte und diese ihr die erste Jagdtrophäe vor die Füße legte, schrie sie vor Schreck, Ekel und Angst, sprang auf das Sofa und rief mit dem Mobiltelefon einen Freund zu Hilfe, der sie aus ihrer Not retten musste.

Kleiner Auslöser als lebensbedrohliche Gefahr

Nach der ersten Behandlung mit EFT konnte Frau Z. es sich schon vorstellen, den Anblick einer Maus zu ertragen. Nach der zweiten Behandlung berichtete sie mir, dass sie einer Maus, die von ihrer neuen Katze gefangen worden war, mit einem Eimer, den sie über sie stülpte, das Leben gerettet habe und sie dann im Eimer in den nahen Park gebracht habe. Mit dem Schwinden der Panik tauchte ihr Mitgefühl für dieses kleine, hilflose Tierchen auf. Ihr „heldenhafter Mut" bei der Rettung der Maus war für uns beide ein schöner Beweis für die befreiende Wirkung von EFT.

Existenzangst

Herr Dr. Sch. hatte, vor allem um die Anerkennung seines autoritären Vaters zu gewinnen, gegen sein echtes Interesse Medizin studiert, hatte sich durch das Studium gequält und nach Abschluss der Ausbildung eine Anstellung in einer Klinik gefunden. Er war sehr häufig krank, litt unter Schlafstörungen, fand keinen Anschluss an sein Kollegium und hatte ein sehr problematisches Verhältnis zu seinen Vorgesetzten, was immer wieder zu Konflikten führte. Herr Dr. Sch. war, als er zu mir kam, schon seit zwei Monaten krankgeschrieben, er hätte am liebsten den Beruf ganz aufgegeben, war jedoch in Ermangelung einer Alternative wie paralysiert und wusste nicht mehr ein noch aus.

Wenn die Angst gelöscht ist, wird das Denken frei

Wir bearbeiteten als Erstes seine Angst davor, seinen Vater zu enttäuschen, was sogleich sehr entspannend wirkte. Es folgte die Auflösung der Angst vorm Versagen, die Angst vor finanziellem Ruin, die Angst, als Penner zu enden, und die Angst, keinen neuen Wirkungskreis zu finden. Mit jeder Löschung durch EFT wurde er ruhiger und begann, seine Möglichkeiten realistischer

einzuschätzen. Er wurde zuversichtlich, was das Finden von Alternativen zum Klinikbetrieb anbetrifft, und bereitete sich auf ein klärendes Gespräch mit seinem alten Vater vor, der sich gerade von einem Herzinfarkt erholte.
Schon nach vier Behandlungen waren wir so weit, dass ich Herrn Dr. Sch. entlassen konnte, natürlich mit dem Angebot meinerseits, sich jederzeit wieder melden zu können, falls er es bräuchte. Das ist jetzt mehrere Monate her.

EFT in der Partnerschaft

Das Thema Nummer eins im Leben jedes Menschen ist die Liebe, also das Thema Partnerschaft. Jeder Mensch wünscht es sich, von einem „Du" gesehen und ohne Wenn und Aber angenommen und geliebt zu werden. Wir wünschen uns einen Menschen, der über unsere Schwächen und Fehler hinwegsehen kann und uns so versteht, wie wir im Innersten wirklich sind. Wir sehnen uns danach, nicht viel Worte machen zu müssen, um verstanden zu werden. Und diese himmlische Vision wird benannt als Suche nach dem Seelenpartner.

Im Gegensatz dazu steht die rasante Zunahme scheiternder Beziehungen, was sich u.a. in dem Anstieg der Scheidungsquote widerspiegelt.

„Wie innen, so außen" – Heilung beginnt innen

Unser Beziehungsverhalten in der Partnerschaft ist geprägt durch unsere Beziehungserfahrungen in der Ursprungsfamilie und durch die Erfahrungen unseres gesamten Sozialisierungsprozesses. Was wir in der Prägungsphase unserer Persönlichkeit nicht erfahren und gelernt haben, fehlt uns und es bleibt uns nichts anderes übrig, als die volle Verantwortung dafür zu übernehmen. Die

erste Person, zu der wir die liebevolle Beziehung aufbauen dürfen, die wir uns ersehnen, sind wir selbst.
Wer von anderen respektiert werden möchte, muss zuerst lernen, sich selbst zu respektieren; wer von anderen akzeptiert werden möchte, muss zuerst lernen, sich selbst zu akzeptieren; und wer von anderen geliebt werden möchte, muss zuerst lernen, sich selbst zu lieben. Denn wir können nur geben, was wir für uns selbst haben. Zur reifen Liebe gehört das Wissen und Erkennen. Also ist das Wissen und die Anerkennung der eigenen Bedürfnisse die Basis der Selbstliebe.

Selbstliebe als Basis

Wer von anderen respektiert werden will, muss lernen, andere zu respektieren; wer von anderen akzeptiert werden will, muss lernen, andere zu akzeptieren; wer von anderen geliebt werden möchte, muss lernen, andere zu lieben.
Wenn die Prägungen der Persönlichkeit dieser Aufgabe im Wege stehen, kommt es zu Konflikten, die zu Krankheit und zu gescheiterten Beziehungen führen können. Beziehungsprobleme sind wie Krankheiten Herausforderungen zu innerem Wachstum. Aus ihnen können wir den Antrieb und die Kraft schöpfen, die Grenzen der eigenen Prägungen auszuweiten und auf dem Weg der Liebe zu wachsen.
Jede Partnerschaft bzw. Liebesbeziehung zeigt uns nach der anfänglichen Phase des Verliebtseins deutlich, an welchen Themen die innere Arbeit notwendig ist. Das „Du" wird zum

Spiegel unserer selbst und zeigt uns, wo unsere Schwächen und die blinden Flecken unserer Selbstwahrnehmung sind. Diese sind oftmals mit unbewussten Ängsten verbunden.
Die Basis jeder guten menschlichen Beziehung ist Offenheit, Ehrlichkeit und gegenseitiges Vertrauen.
Mit Hilfe von EFT können Sie sich gegenseitig nach dem Eingestehen Ihrer Ängste und Nöte aus deren Klammergriff befreien. Die Traumatisierungen durch Verletzungen der Vergangenheit lassen sich auflösen, sodass es leichter fällt, sein Herz zu öffnen und sich tiefer einzulassen. Je tiefer zwei Menschen sich füreinander öffnen können, desto erfüllender wird die Liebe für beide sein.

Erfüllte Liebe durch Ehrlichkeit und Offenheit

Ich möchte betonen, dass es sehr hilfreich und vielleicht notwendig sein kann, sich professioneller Hilfe zuzuwenden, wenn man zu sehr miteinander verknotet ist.
Voraussetzung für die erfolgreiche Arbeit mit EFT ist es, dass man sich seiner Traumata bewusst geworden ist und die damit verbundenen Schmerzen zugelassen werden können. Hier sehe ich den Hauptbedarf therapeutischer Unterstützung.

Übung für Paare

Es hat sich gezeigt, dass der Hauptgrund scheiternder Partnerschaften eine mangelhafte Kommunikation ist. Wenn Paare nicht offen miteinander sprechen können, in gegenseitigem Respekt, Vertrauen und Zuneigung, dann führen Belastungskrisen meist zu Distanzierung, Isolierung und schließlich zur Trennung, anstatt zu tieferem, gegenseitigem Verständnis und größerer Intimität. Zentrale Lernziele sind:

• Zuhören können

Geduld beim Zuhören ist der erste Liebesdienst. Wer gut zuhören kann, löst durch diese heilsame Art der Zuwendung das Herz und die Zunge des anderen, sodass ganz neue Entdeckungen zutage treten können.

Zuhören heißt, nicht gleichzeitig mit eigenen Rationalisierungen beschäftigt zu sein; zuhören heißt, einfühlsam hören, ohne Bewertung bzw. Urteile; dies gilt auch in Bezug auf die eigene Person. Es ist manchmal nicht leicht, nicht in die Fänge des selbstverurteilenden Über-Ichs zu geraten, wenn der Partner einem z.B. die Augen dafür öffnet, wie sehr man ihn unwissentlich verletzt hat. Jedes Verurteilen unterbricht das offene Zuhören und den Fluss der Liebe. Zuhören heißt, den Raum des Herzens zu öffnen und ihn offen zu halten, solange es nötig ist. Wenn es gelingt, ist es ein großes Geschenk für beide.

Den Raum des Herzens öffnen

• Persönliche Mitteilungen ohne Schuldzuweisungen/Angriff

Wichtigste Voraussetzung ist Vertrauen, dass man es wagt, die Geheimnisse seines Herzens zu offenbaren und sich verletzlich zu machen. Gerade wenn man sich unverstanden und verletzt fühlt, ist es besonders wichtig, Ich-Mitteilungen zu machen. Sie sprechen also nur über sich selbst, über Ihr persönliches Erleben, über Ihre emotionalen Reaktionen, über Ihre Gedanken, wohl wissend, dass jeder von uns immer nur einen Teil des Ganzen sehen und jeder nur seine eigene, subjektive Wirklichkeit erleben kann. Das darf sein und ist wichtig genug, um mitteilenswert zu sein.

Sie bleiben bei sich selbst

Scham, Angst und Schuldgefühle hierbei stehen einer erfolgreichen Kommunikation nur im Weg und sollten mit EFT schleunigst aufgelöst werden. Angriff und Schuldzuweisungen erzeugen meist eine Verteidigungshaltung, die einem tieferen Verständnis im Wege steht.

- **Um Hilfe bitten können**

Wer die Verantwortung für sich selbst übernehmen will, kommt nicht umhin, seine Schwächen zu offenbaren und bisweilen seinen Partner um Unterstützung zu bitten. Die Angst vor Ablehnung durch EFT zu überwinden, kann den Weg für Heilung und Wachstum freimachen.

Übung

Setzen Sie sich mit Ihrem Partner in einer ungestörten Stunde zusammen. Nachdem Sie alle möglichen Störungsquellen ausgeschaltet haben und zur Ruhe gekommen sind, schauen Sie einander in die Augen und erzählen Sie einander von den schönsten Momenten Ihres Lebens, die Sie miteinander teilen durften. Nehmen Sie sich genügend Zeit, damit Sie ganz innig mit Ihrem Gefühl verbunden sind. Danach stellen Sie sich vor, Sie würden Ihr eigenes Herz in Ihre Hände nehmen und es für eine Weile in die Obhut Ihres Partners/Ihrer Partnerin geben.

Die Basis jeder Liebesbeziehung ist Vertrauen

Was immer in diesem Moment sich zeigt, das diesem vertrauensvollen Schenken im Wege steht, bedarf Ihrer gemeinsamen Beachtung, denn es gefährdet Ihre Liebesbeziehung. Versuchen Sie jedes Hindernis, z.B. eine Angst oder eine unaufgelöste Kränkung, in Worte zu fassen, zu benennen und um Verzeihung zu bitten bzw. einander zu verzeihen, wenn es nötig sein sollte; den Rest können Sie mit EFT auflösen.

Im Falle einer Kränkung könnte es beginnen mit dem Einführungssatz: „Obwohl ich noch unter … leide, liebe und akzeptiere ich mich so, wie ich bin." Oder: „Obwohl ich Angst davor habe, wieder zu vertrauen, liebe und akzeptiere ich mich so, wie ich bin." Oder: „Obwohl es mich noch wütend macht, dass mein Partner/meine Partnerin mich …, liebe und akzeptiere ich mich so, wie ich bin." Lassen Sie sich führen von dem, was auftaucht, und gestatten Sie Ihrem Partner, die Behandlung durchzuführen. Es wird Ihnen beiden gut tun.

Die Reinigung des Herzens

EFT ist auch eine wunderbare Methode, um Schritt für Schritt ein freierer Mensch zu werden, immer mehr Fesseln der Vergangenheit loszulassen und immer bewusster das eigene Leben in Freiheit entsprechend den Werten des eigenen Herzens gestalten zu lernen.
Ein elementarer Teil dabei ist der persönliche Friedensprozess.
Der Schlüssel für den Erfolg und die Selbstverwirklichung jedes Menschen liegt in seiner Fähigkeit, all seine Energien und Talente in der Gegenwart zur Verfügung zu haben. Das bedeutet Unvoreingenommenheit und Wachheit zugleich: Es bedeutet, in Harmonie zu sein mit Bauch, Herz und Kopf.

Das Leben findet nur im Hier und Jetzt statt

Wir können zwar mit dem Körper das „Hier und Jetzt" nicht verlassen, doch wir können mit dem Denken und der Fantasie in Vergangenheit oder Zukunft gehen und uns so vom physischen Körper lösen. Dann verlieren wir unsere Präsenz und sind nicht mehr ganz da. Wer sich in der Vergangenheit verliert, läuft Gefahr, in Depressionen zu verfallen, wer sich in negativen Zukunftsfantasien verliert, erliegt den selbst erzeugten Ängsten, die daraus resultieren.

Die Vergangenheit ist vorbei und die Zukunft ist noch nicht da. Es gibt also in der Tat immer nur diesen Moment, das „Jetzt", in dem wir leben. Nur im „Jetzt" haben wir unsere volle Lebendigkeit zur Verfügung und nur im „Hier" sind wir geerdet und haben Boden unter unseren Füßen.

Für das Erlangen geistiger Freiheit ist die Zentrierung im Hier und Jetzt unabdingbare Voraussetzung. Deshalb ist es so wichtig, energetische Fesseln, die uns an die Vergangenheit binden, zu erkennen und zu lösen.

Wenn Sie konsequent mit EFT arbeiten, wird es geschehen, dass Sie Schicht für Schicht beseitigen, was nicht wirklich zu Ihnen gehört, was Sie in Ihrer Entfaltungsmöglichkeit einschränkt, und sich von Schutzhaltungen befreien, die mehr zum Gefängnis geworden sind, als dass Sie dadurch geschützt würden.

Das befreite Herz ist das Instrument der Seele

Ich nenne diesen Prozess den Prozess der Befreiung des Herzens. Denn ein Weg, der zu größerer Authentizität und Echtheit führt, bringt uns in Kontakt mit unserem wahren Wesen, unserem Wesenskern.

Hier tauchen Fragen auf wie: „Wer bin ich wirklich?", „Wie könnte ich sein?", „Wie möchte ich sein?", „Welches ist meine Lebensaufgabe?", „Warum und wozu bin ich hier?"

Damit haben wir die spirituelle oder religiöse (*religio*, lat. = Ursprung) Dimension von Heilung im Sinne von Ganzwerdung erreicht. Und meiner Meinung nach ist das der eigentliche Sinn,

der sich hinter allen Krankheiten verbirgt: Es ist ein Prozess der Bewusstseinserweiterung und der Transformation.
Experten auf dem Gebiet der Herzensbildung waren und sind traditionell die Sufis, Gottessuchende und Mystiker des Orients. Ihr Logo ist ein Herz mit Flügeln. Die Sufis haben die spirituelle Kultur als eine Kultur des Herzens betrachtet. Und sie unterscheiden zwischen der Reinigung, der Entleerung des Herzens und dem Stimmen des Herzens, welches ein empfindlicheres Instrument sei, als eine Violine.
Dazu sagt der berühmte indische Sufimeister Hazrat Inayat Khan: „Glück gehört zur Qualität des Herzens, Vergnügen zur äußeren Welt. Die Entfernung zwischen Vergnügen und Glück ist so weit wie zwischen Erde und Himmel. Solange das Herz nicht auf seinen richtigen Ton eingestimmt ist, wird man nicht glücklich sein.

Glück gehört zur Qualität des Herzens

Das Einstimmen des Herzens bedeutet, die Tonhöhe zu verändern, welche die natürliche Tonhöhe ist. Dann fühlt man die Freude und Ekstase des Lebens, welche uns befähigt, anderen Freude zu geben, selbst durch unsere Gegenwart, weil wir eingestimmt sind."
An anderer Stelle sagt er: „ Die Größe oder Kleinheit des Menschen hängt nicht von äußeren Dingen ab. Gleich welchen Rang oder welche Position ein Mensch hat, wenn sein Herz nicht groß ist, kann er nicht groß sein – und wenn sein Herz groß ist, bleibt er unter allen Umständen groß. Es ist das Herz, das einen groß oder klein macht."

Mit EFT sind wir also im Bereich der Reinigung wirksam. Man könnte auch sagen, wir legen das Herz frei, und das Schöne ist es, dass bereits in jedem Herzen, wie in einer Frucht der Same, das gesamte Potenzial menschlicher Möglichkeiten verborgen ist, das auf seine Entfaltung und auf sein Aufblühen wartet.
Mit den Worten der Mystiker: Nicht nur der Mensch sucht das Göttliche, sondern Gott wartet bereits voller Freude auf ihn. Der Weg führt ins Innere des Menschen und der Schatz, den er erst außen sucht, trägt er die ganze Zeit mit sich selbst herum.

Der Schatz ist in Ihnen selbst

Übung: Das Herz als der innere Tempel
(Sie können natürlich ebenso das Bild einer Kirche, eines Doms oder einer Moschee wählen, je nachdem, was Ihnen nah ist.)
Stellen Sie sich Ihr Herz, den Raum in Ihrem Innern, vor wie einen Tempel. Um den Tempel herum gibt es eine Mauer, die einen Schutz darstellt gegen den Lärm und das Treiben des weltlichen Lebens.
Genauso müssen auch wir es machen, wenn wir uns dem heiligen Raum im eigenen Innern nähern wollen. Wir wählen uns einen geschützten Platz, an dem wir zur Ruhe kommen können, richten uns so ein, dass es sich gut anfühlt, und sorgen dafür, dass wir für eine bestimmte Zeit ungestört sind.
Wenn man das Tor zum Tempel durchschritten hat, gelangt man in den Innenhof, in dem sich ein Brunnen befindet. Hier zieht

man die Schuhe aus und reinigt Gesicht, Hände und Füße vom Schmutz und Staub der Straße.

Die Schuhe symbolisieren die Art und Weise, wie wir durch die Welt laufen, und wir reinigen uns von allen Formen negativen Denkens, von Zynismus, Sarkasmus, negativen Suggestionen, Ängsten, Verurteilungen und Selbstverurteilungen etc. – denn durch all das schließt sich die Tür des Herzens.

Durch die Reinigung kommen wir in Kontakt mit der Unschuld und Reinheit des inneren Kindes in uns und dadurch öffnet sich die erste Tür des Herzens. (Denken Sie an die Hinweise in der Bibel, wir mögen wieder werden wie die Kinder. Oder: Gelobt seien die, die reinen Herzens sind, denn sie werden Gott schauen.)

Nach der Reinigung im Innenhof führt uns eine kleine Tür in das Innerste dieses heiligen Ortes. Der Eingang ist so niedrig, dass man sich beugen muss, um hineinzugelangen.

Wir können uns nur in Demut dem Heiligen nähern und gleichzeitig ist dies auch ein Hinweis auf die Sehnsucht im Herzen jedes Menschen, sich dem Göttlichen hinzugeben in einem Akt der Liebe. Wir haben keine andere Opfergabe als unsere Persönlichkeit, die im Bewusstsein der Trennung gefangen ist, das Ego.

Die Verneigung ist also notwendig, um die zweite Tür zu passieren und ins Innerste des Heiligtums zu gelangen. Betreten wir diesen Raum, können wir uns wieder aufrichten, jetzt allerdings aus einem geläuterten Bewusstsein als Kind Gottes.

Im Innern herrscht eine Stimmung tiefsten Friedens. Kein einziges Geräusch der Welt dringt hierhin durch. Wenn es uns gelungen ist, in die Tiefe des eigenen Herzens einzutauchen, haben auch die Gedanken-Plagegeister keine Macht mehr über unser Bewusstsein und sie verblassen mit der Zeit ganz von selbst.
Vielleicht sehen Sie in dem Spiegel Ihres Herzens Ihr eigenes Gesicht, so wie es jetzt ist, mit den Spuren der ganzen bisherigen Lebensreise. In dieser Einstimmung kann es Ihnen gelingen, durch die äußeren Gesichtszüge hindurchzuschauen und zu erkennen, was durch die Oberfläche hindurchscheint. Wenn Sie Ihre Lebensreise mit der Frage untersuchen: „Was hat mich in der Tiefe meines Herzens berührt und genährt?", dann können Sie den Schatz finden, der Ihnen dazu verhelfen kann, Ihrem jetzigen und zukünftigen Leben Sinn zu geben.
Mit diesem Geschenk können Sie frohgemut diesen heiligen Ort verlassen. Der Weg führt wieder nach außen – vorher eine erneute Verneigung in Dankbarkeit und Anerkennung der Quelle der Weisheit und Liebe im Inneren des Herzens. Dann können Sie inspiriert und mit neuer Kraft Ihre Lebensreise fortsetzen.
Ich wünsche Ihnen, dass Sie regelmäßig die Zeit finden, sich mit der Kraft der Stille und des Friedens zu verbinden, und dass dies für Sie zu einem unerschöpflichen Quell der Inspiration und der Freude werden möge.

Dank

Das Erste, was mir einfällt, ist ein riesiges „Dankeschön".
Dank an Gary Craig (USA), der sein Wissen und seine Erkenntnisse so großzügig jedermann zur Verfügung stellt;
Dank an die vielen EFT-Therapeuten auf der ganzen Welt, die zu einem sehr fruchtbaren Erfahrungsaustausch mit Hilfe des Internets beitragen und Mut und Inspiration vermitteln, mit diesem Werkzeug zum Wohle aller zu wirken.
Dank an die lieben Freunde, die mich unterstützten, dies Büchlein zu schreiben;
Dank an meine Lektorin Frau Jaenicke und Frau Fleissner-Mikorey vom nymphenburger Verlag, dass sie sich von meiner Begeisterung haben anstecken lassen und es möglich gemacht haben, dass dieses Buch in die Öffentlichkeit kommen kann.

Literatur

Roger J. Callahan, *Den Spuk beenden,* Freiburg 2001.
ders., *Leben ohne Phobien,* Freiburg 1991.
Gary Craig, *The Callahan Techniques: Eliminate the Fears, Phobias and Anxieties (Addictive Cravings) that are lodged in Your Energy System,* The Sea Ranch, California 1993.
Gary Craig and Fowley, *Emotional Freedom Techniques: The Manual,* The Sea Ranch, California 1995. www.emofree.com
Dr. John Diamond, *Die heilende Kraft der Emotionen,* Freiburg 1987.
Fred Gallo, *Energetische Psychologie,* Freiburg 2000.
Elisabeth Haich, *Die Einweihung,* Ulm 1972.
Hazrat Inayat Khan, *Das Erwachen des menschlichen Geistes,* Essen 1982.
ders.: *Die Seele, woher und wohin,* Heilbronn 2003.
Pir Vilayat Inayat Khan, *Das, was durchscheint durch das, was erscheint,* Bad Bevensen 1998.
Christina Kessler, *amo ergo sum, Ich liebe, also bin ich,* Freiamt 2002.
Eckhart Tolle, *Jetzt! Die Kraft der Gegenwart,* Bielefeld 2003.

Der Autor

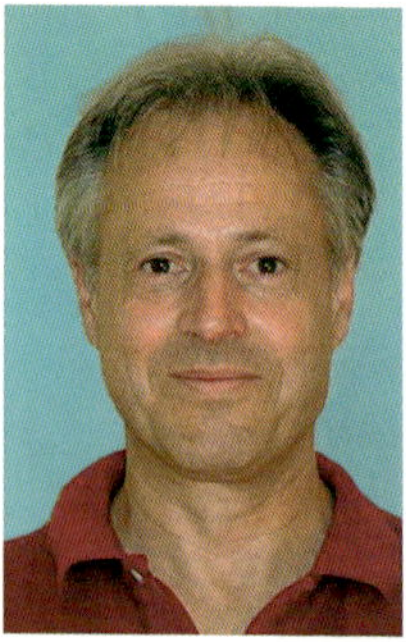

Jürgen Amir Doose studierte Deutsch und Gemeinschaftskunde für das höhere Lehramt an der Universität Göttingen. Danach widmete er sich dem Studium der ganzheitlichen Medizin und absolvierte eine dreijährige Ausbildung an der Josef-Angerer-Heilpraktikerfachschule in München. Seit fünfundzwanzig Jahren arbeitet er in eigener Praxis als Heilpraktiker in München. Er ist ausgebildeter Homöopath, Atemtherapeut, energetischer Heiler, Gestalt- und Gesprächstherapeut, systemischer Familientherapeut und vor allem EFT-Therapeut. Er gibt EFT-Seminare als Selbsthilfe und für Therapeuten.

www.HeilpraxisJuergenDoose.de